AF230196

LOGE ÉCOSSAISE

DE LA GRANDE COMMANDERIE.

Imprimerie de **GUIRAUDET**, rue St.-Honoré, n°. 315,
vis-à-vis St.-Roch.

LOGE ÉCOSSAISE

DE LA

GRANDE COMMANDERIE.

~~~~~~

OBSÈQUES MAÇONNIQUES

DU T∴ ILL∴ COMTE DE VALENCE, PAIR DE FRANCE, LIEUTENANT GÉNÉRAL, TRÈS - PUISSANT SOUVERAIN GRAND COMMANDEUR ET CHEF, EN FRANCE, DE L'ORDRE MAÇONNIQUE, AU RIT ÉCOSSAIS ANCIEN ET ACCEPTÉ;

Solennellement célébrées le 28e. j∴ du 1er. M∴ de l'an 5822. — 28 Mars 1822.

O∴ DE PARIS, 5822.
~~~~~~

EXTRAIT DU LIVRE SACRÉ

DE L'ILL.·. L.·. ÉCOSS.·.

DE LA GRANDE COMMANDERIE.

Séance du 28e. j.·. du 1er. M.·. de l'an 5822.

(28 Mars 1822.)

L'Ill.·. L.·. de la Grande Commanderie avait été convoquée et s'était réunie pour célébrer les obsèques maçonniques de l'illustre comte de Valence, Très-Puissant Souverain Grand Commandeur et Chef de l'Ordre, au rit écoss.·. ancien et accepté pour la France, et pour offrir à sa mémoire le tribut d'amour, de respect et de douleur que tous les Maçons de ce rit devaient à son zèle, à ses services et à ses qualités personnelles.

Tout annonçait le deuil et la tristesse dans le temple. Une décoration lugubre en couvrait le parvis, la nef et le sanctuaire. Les emblèmes de la mort étaient suspendus aux colonnes, et les trophées militaires qui s'y mariaient annonçaient que l'illustre chef que l'Ordre venait de perdre avait aussi brillé sur nos champs de bataille. Un cénotaphe, surmonté d'une pyramide, s'élevait au milieu de l'enceinte; les insignes de la pairie, les glaives du guerrier, les différens ordres dont le comte de Valence était décoré pendant son existence glorieuse, ornaient cette colonne funéraire qu'un long crêpe enveloppait depuis le sommet jusqu'à la base. L'encens fumait sur les trépieds qui entouraient le cénotaphe, et des lampes antiques répandaient leur clarté mystérieuse.

Un grand nombre de visiteurs, militaires, magistrats, citoyens de toutes les classes, s'étaient empressés de se réunir aux membres de la L.·. de la Grande Commanderie et à ceux du Suprême Conseil. Toutes les LL.·. écossaises de l'Orient de Paris et autres assistaient à cette cérémonie, par leurs Vénérables et la plupart de leurs Officiers. Mais tous les honneurs étant réservés pour le F.·. Illustre et le Maître véné-

rable enlevé à leur amour, ces différentes députations avaient été reçues sans le cérémonial
d'usage et avant l'ouverture des travaux. Un
Maître des cérémonies les avait introduites successivement dans le temple, où elles avaient
pris place dans l'ordre suivant :

Les Députés de la R∴ L∴ écoss∴ des Hos-
pitaliers français, et leur Vén∴, F∴ Saindizier ;

Ceux de la R∴ L∴ écoss∴ du Mont-Sinaï,
et leur Vén∴, F∴ Chamant ;

Ceux du Temple des Amis de l'Honneur français et des Vertus et des Arts réunis, et le Vén∴,
F∴ Pargon ;

Ceux de la L∴ écoss∴ des Propagateurs de
la Tolérance ;

Ceux de la L∴ écoss∴ des Chevaliers de la
Palestine ;

Ceux de la R∴ L∴ écoss∴ de l'Olivier écossais.

La L∴ écoss∴ de la Bonne Foi, O∴ de
Montauban, par le T∴ Hon∴ F∴ baron
Lepelletier d'Aunay, son représentant ;

Les députés de la L∴ écoss∴ d'Emeth, et
le Vén∴, F∴ Begue-Clavel ;

Ceux de la R∴ L∴ écoss∴ des Comman-
deurs du Mont - Liban, et leur V∴, F∴
Durieu ;

Ceux de la L∴ écoss∴ et française du Lys
étoilé, et le Vén∴, F∴ Berlié ;

Ceux de la R∴ L∴ française de la Fidélité, et le F∴ Jorry, leur Vénérable ;

Ceux de la R∴ L∴ des Trinosophes, et le Vén∴, F∴ Baudré ;

Ceux de la L∴ de la Bienfaisance, à l'O∴ de Fontainebleau, et leur Vén∴, F∴ Félix ;

Ceux de la L∴ des Douze Tribus du rit Misraïm, et le Vén∴ F∴ Bédaride ;

Ceux de la Puissance Suprême du rit Misraïm ;

Et autres, et nombreux Visiteurs et Maçons de tous les rites.

Tous ces FF∴ se sont placés ; et leur recueillement religieux attestait les douloureux sentimens dont ils étaient pénétrés. Les sons d'une harmonie lugubre se mêlaient seuls au bruit de leurs pas.

Les membres des hauts degrés du rit écossais, les Vénérables, Dignitaires et Officiers de l'ill∴ L∴ de la Grande Commanderie, enfin, les membres du S∴ Conseil, entourant le T∴ P∴ S∴ Grand Commandeur, comte de Ségur, et à son côté, le T∴ Ill∴ Lieut∴ G∴ Commandeur, duc de Choiseul, ont été introduits à leur tour par les Ill∴ FF∴ GG∴ Maîtres des Cérémonies. Ils se sont avancés lentement et sous la voûte d'acier vers l'O∴ et les diverses places qui leur étaient assignées par la nature de leurs fonctions. Les quatre lieutenans généraux comte Monthion et comte Lucotte, membres du S∴ Conseil, comte de Pully et baron Frésia , membres de la L∴ de la Grande Commanderie , sont venus occuper celles qui avaient été marquées pour eux aux quatre angles du cénotaphe. Ils étaient revêtus de l'uniforme de leur grade et le glaive en main. Tous les assistans étaient debout et à l'ordre.

Le T∴ P∴ S∴ Grand Commandeur ayant pris place sur le trône réservé à sa dignité , a ouvert les Trav∴ par un seul coup de Maill∴, répété à l'Occident par le T∴ Ill∴ Lieut∴ Grand Commandeur , duc de Choiseul, et par le S∴ G∴ I∴ G∴, baron Thiébault , faisant fonctions en ce moment de 1er. et 2e. Grands Surv∴.

Et de suite, avant d'annoncer l'objet de la réunion, il a donné l'ordre au S∴ G∴ I∴ G∴, Secrét∴ du St.-Empire, comte Muraire, de donner lecture des Pl∴ extraites du Livre d'Or du S∴ Conseil, relatives à la nomination et à l'installation du nouveau T∴ P∴ S∴ G∴ Commandeur, dont la dignité était vacante par la mort du comte de Valence , et du T∴ Ill∴ nouveau Lieut∴ Grand Commandeur, duc de Choiseul , nommé en remplacement de l'Ill∴ comte de Ségur, qui occupait cette dignité avant son élévation à la première de l'Ordre. Cette lecture ayant pour objet de faire connaître officiellement et légalement à l'Ill∴ L∴ de la Grande Commanderie, aux autres RR∴ LL∴ présentes par députations, et à tous les Maçons assistans, la qualité et les droits de ces nouveaux dignitaires, avant de procéder à aucuns travaux sous leur direction et leur autorité.

L'Ill⸫ Secrét⸫ du St.-Empire a, en effet, donné lecture du procès verbal du 5e. J⸫ 12e. M⸫ 5821, constatant la nomination de l'Ill⸫ comte de Ségur à la dignité de S⸫ Grand Commandeur, et de l'Ill⸫ F⸫ duc de Choiseul à celle de Lieut⸫ Grand Commandeur, ainsi que du procès verbal de la séance de leur installation, du 12 présent mois. Cette lecture faite, il a ajouté qu'il s'abstenait de réquérir des Appl⸫ dont le sentiment et le désir étaient sans doute dans tous les cœurs ; que ces témoignages de la joie la plus légitime contrasteraient trop avec le lugubre appareil de la solennité du jour ; et que, le sentiment de la douleur devant comprimer l'élan de tous les autres, il se bornait à conclure à ce que les Trav⸫ commençassent et suivissent leur cours.

Ces mots entendus, et un profond silence ayant régné, le T⸫ Ill⸫ F⸫ comte de Ségur, pair de France, l'un des quarante de l'Académie française, nouveau chef du rit, et, en cette qualité, présidant la L⸫, a annoncé l'objet de la réunion par le discours suivant :

Très-Illustres FF∴,

« La société, l'amitié, l'humanité, la pairie, l'armée et la patrie portent le deuil de l'excellent et du grand citoyen que nous pleurons : le comte de Valence était à la fois une des principales lumières de l'Ordre maçonnique et l'un des plus fermes soutiens de nos libertés ; il brillait parmi les plus braves de nos légions, et il était compté comme l'un des nobles ornemens de la première chambre législative.

« Favorisé par les dons de la nature et de la fortune, il naquit au sein d'une classe anciennement privilégiée. Elevé dans le palais des princes, il fut, à l'aurore de sa vie, colonel des dragons de Chartres et premier écuyer du duc d'Orléans. Mais les âmes vraiment nobles aiment mieux devoir leurs distinctions au mérite qu'à la naissance, et leurs grades à des services qu'à des aïeux. Franchissant l'obscure enceinte des vieux préjugés qui l'entouraient, il fut du petit nombre des nobles qui marchèrent avec le siècle, préférèrent leur patrie à leur caste et l'intérêt général à l'intérêt privé.

« Dès que le premier rayon de la liberté brilla sur la France, il suivit glorieusement le chemin qu'elle sillonnait; et, sage dans son ardeur, ami de la liberté, mais ennemi de la licence, il se montra toujours également opposé aux erreurs du despotisme et à celles de l'anarchie.

« Élu député suppléant à l'assemblée constituante, le sort ne l'appela point à partager les travaux de cette assemblée; mais il suivit constamment les principes professés à cette époque, non ceux que l'enthousiasme exagéra, mais ceux que dicta la sagesse, qui ont surnagé aux révolutions, et que notre Charte constitutionnelle a consacrés.

« En 1792, l'Europe liguée s'arma contre nous, attaqua notre indépendance, envahit nos frontières et menaça notre capitale. Valence fit éclater sa bravoure à la tête des jeunes phalanges dont l'impétuosité déconcerta la vieille tactique européenne. Son épée brilla dans les défilés de l'Argonne, et sa tête se couronna des lauriers de Valmy.

« Bientôt les Français, reprenant l'offensive, mirent en fuite leurs ennemis présomptueux, et Valence, par ses talens autant que par sa vaillance, eut l'honneur de contribuer à cette victoire de Jemmapes, qui prouva au monde étonné qu'un peuple est invincible tant qu'il veut être libre et qu'il sait rester uni.

« Les remparts de Charleroi et de Namur cédèrent à la valeur du guerrier que nous regrettons ; mais peu de temps après , l'inconstante fortune nous fit éprouver un grand revers.

« La trahison d'un étranger, trop légèrement adopté par nous, fut la cause de notre défaite à Nervinde : notre aile droite, sous les ordres du brave Valence, avait enfoncé l'ennemi; notre aile gauche, arrêtée dans sa marche par un ordre funeste , nous enleva la victoire; nous fûmes vaincus au moment où un illustre prince et Valence nous avaient rendus vainqueurs : mais Valence conserva de cette journée la gloire d'une heureuse impétuosité , l'honneur plus rare d'une retraite ferme et courageuse, et l'illustration d'une noble cicatrice qui décorait son front.

« Dumouriez ne sut point résister à ce revers ; aveuglé par une ambition déçue, il abandonna la cause qu'il avait servie et se lia avec l'ennemi. Valence, victime de sa défection sans en être complice, se vit errant, proscrit, mais emportant dans son cœur un constant amour pour son injuste patrie; hors de son pays il resta toujours français.

« Lorsque la gloire rappela la fortune sous nos drapeaux, Valence fut rappelé en France avec elle; il prit place dans le sénat où nous l'avons toujours vu siéger avec autant de dignité que de sagesse. L'âge et les fatigues de la guerre avaient miné ses forces sans affaiblir son courage; en 1812, il osa soutenir encore le poids des armes; et bravant les neiges de la Russie, il fit reconnaître au combat de Mohilow l'épée du brave de Valmy, de Jemmapes, de Namur et de Nervinde.

« Élevé à la pairie, il se signala par d'autres services, et brilla dans une autre lutte, combattant avec constance pour les libertés nationales contre toutes les lois d'exceptions. Peu de jours avant de descendre dans la tombe, il parut pour la dernière fois à la tribune animé du désir de porter la consolation dans le sein d'une famille accablée par un arrêt rigoureux; l'amour de la justice et de l'humanité dictèrent ses dernières paroles qui firent sur ses auditeurs une vive impression, et les larmes de ses nombreux compagnons d'armes, de ses nobles collègues, et du cortège distingué qui accompagna ses restes à leur dernier séjour, sont pour ses mânes une oraison funèbre plus touchante que celle qu'une pompeuse éloquence pourrait prononcer sur son tombeau.

« La famille de cet estimable citoyen éprouve dans son inconsolable douleur un seul, mais grand adoucissement. Valence n'est plus; mais sa gloire revit et se perpétue dans la personne de son gendre, le comte Maurice Gérard, illustre dans nos fastes militaires, et que le vœu de la capitale vient de mettre à portée d'inscrire, non moins glorieusement, son nom dans nos fastes civils.

« La France, l'Europe entière peuvent apprécier la sincérité de l'hommage que je viens de rendre à la vie publique du comte de Valence ; mais personne ne peut mieux que nous, mes illustres FF∴, payer un juste tribut aux vertus de sa vie privée. Vous avez tous vu avec quelle constance il partageait et dirigeait nos travaux, avec quel zèle ardent il poursuivait à notre tête la recherche de la vérité ; aucun de nous n'ignore à quel point il était sensible, humain, bienveillant, secourable, répandant partout la lumière et les bienfaits, et combien il était animé de cet esprit de justice et de fraternité qui doit distinguer tout vrai Maçon. Vos suffrages l'avaient élevé à la dignité suprême de Souverain Grand Commandeur ; ses succès ont justifié votre choix ; l'ordre Ecossais lui doit sa renaissance et sa prospérité croissante.

« Appelé par le Suprême Conseil pour lui succéder, j'ai plus de désir que d'espoir de le remplacer ; le zèle le plus soutenu est tout ce que je puis vous promettre ; et si mes efforts sont couronnés de quelques succès, je ne croirai les devoir qu'à l'exactitude avec laquelle je marcherai sur les traces de l'illustre guide dont la mort nous a privés. Réunissez vous à moi, mes illustres FF∴, pour demander au grand architecte de l'univers qu'il accorde dans la vie éternelle, à l'âme de notre illustre ami, la félicité dont ses vertus et son amour pour sa patrie l'ont rendu si digne pendant le court, mais glorieux séjour qu'il a fait sur ce globe périssable. »

Les FF∴ de l'harmonie ont répondu par des accords touchans et douloureux aux paroles du T∴ ill∴ comte de Ségur; et le T∴ Ill∴ F∴ comte Muraire, G∴ secrétaire du Saint-Empire, ayant pris les ordres du Souv∴ G∴ Commandeur, a prononcé à son tour le discours suivant :

« Nos yeux le cherchent... nos cœurs l'appellent... Quelle terrible réponse s'est fait entendre!... Il est mort.

« Hélas! ces murs nous redisent encore les accens nobles et touchans, les belles et attendrissantes paroles par lesquelles il exprimait nos douleurs et la sienne, sur la perte de tant d'hommes illustres successivement et trop rapidement enlevés à la patrie et à l'ordre (1)!... Fallait-il que cette déchirante solennité se renouvelât sitôt pour lui!

« Il est mort!... N'attendez pas de moi, mes illustres FF∴, un de ces discours recherchés, que les efforts du talent et les richesses de l'éloquence savent parer et embellir, même au

____

(1) Le comte de Valence présidait, le 29 juin 1821, la fête funèbre donnée en l'honneur des maréchaux Kellermann, Lefebvre, Masséna, Pérignon, Beurnonville.

milieu des sujets les plus sombres. *Ingentes stupent*, a dit un ancien (1), pour caractériser les douleurs vraies et profondes ; et, d'après ce que mon cœur éprouve, je répète avec lui : *Ingentes stupent.*

« D'ailleurs, notre Resp∴ M∴, le comte de Ségur, si digne, à tant de titres, de l'honorable succession que le Suprême Conseil lui a déférée, n'a-t-il pas en quelque sorte épuisé l'expression du sentiment et du regret, lorsqu'avec cette éloquence facile, douce et communicative, dont le genre lui appartient spécialement ; avec cette sensibilité, attribut dominant de sa belle âme ; avec ce charme de style et de diction, qui émeut, entraîne, pénètre, il vient de nous retracer la grandeur de la perte que nous avons faite ?

« Ah ! sans doute ! perte immense, sous quelque rapport qu'elle soit considérée ; perte que nous ne saurions déplorer avec assez d'amertume COMME FRANÇAIS, COMME CITOYENS, COMME MAÇONS !

« C'est à ces titres qu'au nom des Souv∴ grands inspecteurs généraux, 33e. et dernier degré du rit Écossais ancien et accepté, formant le suprême conseil de France, et réunis en loge de la *Grande Commanderie*, je viens déposer l'hommage de notre sincère et juste douleur sur

____

(1) Sénèque.

l'urne funéraire de très-illustre, très-respecta-
ble et à jamais regretté *Jean-Baptiste-Cyrus-
Marie-Adélaïde* TIMBRUNE THIEMBRONE, *comte*
DE VALENCE, chevalier de Saint-Louis, pair
de France, lieutenant-général, grand offi-
cier de la légion-d'honneur, grand croix de
l'ordre de Saint-Henri de Saxe, commandeur
de l'ordre de Saint-Lazare, T∴ P∴ S∴ GRAND
COMMANDEUR et chef, en France, de l'ordre maçonnique, au rit Ecossais ancien et accepté.

« Quoique personne n'ignore combien la vie
du comte de Valence a été belle et honorable,
utile et glorieuse, il faut cependant le redire
en ce jour redoutable, où l'opinion prononce
ses irrévocables arrêts; il faut le redire autour
de ce monument où il repose : c'est un hommage dû à sa mémoire, c'est un allégement dû
à notre douleur.

« Je ne ferai pas valoir les avantages de la naissance du comte de Valence, plus qu'il ne s'en
prévalait lui-même. Bientôt il avait compris que
rien n'est moins gratuit que le respect qu'on
accorde ordinairement à la naissance; qu'une
naissance plus distinguée n'impose que de plus
grands devoirs; et ce fut à remplir ces devoirs qu'il
appliqua son ambition, qu'il consacra son existence : il y fut fidèle jusqu'à son dernier moment.

« Servir son pays dans la brillante et périlleuse
carrière des armes, servir son pays dans l'exer-

cice de la plus éminente magistrature , dans l'exercice des nobles fonctions de la pairie ; servir l'humanité par la pratique constante des vertus et des devoirs maçonniques : voilà en trois mots l'histoire abrégée de sa vie ; voilà en trois mots ce qui justifie ce que j'ai avancé : que nous ne saurions assez déplorer sa perte, COMME FRANÇAIS, COMME CITOYENS, COMME MAÇONS.

« Eh ! quel Français ne couvrirait pas de ses regrets et de ses larmes la tombe d'un général qui eut une part si active et si grande à l'illustration militaire de notre belle patrie, à la gloire nationale, conquise par le dévouement et le courage de nos braves armées !

« Eh ! quel Citoyen ne rendrait pas un hommage de justice, de reconnaissance et de douleur aux mânes de ce même général qui, échappé aux dangers de la guerre, qu'il avait si intrépidement affrontés, consacra son repos et le reste de sa vie à la défense de nos droits et des principes qui en sont à la fois la base, l'appui et la limite ; principes conservateurs et tutélaires , sur lesquels repose l'ordre social , parce qu'en eux , et par une heureuse et sage combinaison , s'unissent et s'identifient le respect des lois, l'amour du prince et les ineffables jouissances d'une véritable liberté !

« Eh ! quel Maçon fut plus zélé que lui, plus profondément pénétré des principes philanthropiques de notre sublime institution , plus scrupuleux observateur des règles qu'elle prescrit, des devoirs qu'elle impose !... C'est surtout sous ce rapport que, dans l'intérieur de ce temple, au sein de cette auguste et solennelle réunion, nous devons plus religieusement honorer sa mémoire, plus sincèrement pleurer sur sa mort, plus hautement proclamer sa vie, afin de nous exciter par ces beaux souvenirs à l'imitation des vertus qu'il pratiqua, et dont il nous a laissé de si touchans et si utiles exemples.

« Sur chacune de ces périodes de la vie du comte de Valence, que je viens d'indiquer, les faits et les témoignages abondent. Mais au sein même de cette abondance, je serai concis dans les développemens ; et, pour être plus concis encore, ne devrais-je pas laisser aux illustres et magnanimes guerriers que la solennité de ce jour a amenés dans cette enceinte, et que je vois avec admiration autour de ce monument de gloire et de douleur, ne devrais-je pas leur laisser le soin de nous raconter les faits qui illustrèrent la carrière militaire du général Valence ; de nous dire quelle part il eut à l'importante victoire de Valmy, à la poursuite des armées de Prusse et d'Autriche, après cette victoire ; au siége et à la capitulation de Verdun, à cette capitulation où il se montra si grand et surtout si Français ; à la reddition de Longwy, où il obligea les Prussiens à rétablir l'artillerie dont cette place était armée et les fonds qu'ils avaient pris dans les caisses militaires ?

« Ne serait-ce pas à eux à nous retracer les combats de Virton et de la Tour, ceux de Bovines et de Dinant, l'expédition rapide de la prise de Charleroi, le combat du bois d'Ache, où Schereder et Beaulieu, quoique avec des forces doubles de celles que Valence commandait, furent complétement battus et forcés à la retraite ?

« Qui pourrait nous dire mieux qu'eux combien était plus difficile et combien fut plus glorieuse la prise de la ville et du château de Namur, qui, quoique non fastueusement chantée comme elle l'avait été en 1692 (parce qu'au milieu de tant de faits héroïques de notre époque, la verve la plus féconde eût encore été en défaut), ne fut pas moins remarquable par les obstacles de tout genre qui s'y rencontraient, position, saison, garnison, fortifications ; et devint plus remarquable encore par la circonstance historique de l'envoi des huit premiers drapeaux offerts à la patrie par son armée victorieuse ?

« Ma langue, peu exercée au récit des batailles, pourrait-elle décrire le combat de Tongres, où, dans la position la plus périlleuse, Valence se dévoue, et, avec quelques bataillons de grenadiers, se précipitant en désespéré au devant de l'ennemi, parvient à l'arrêter assez de temps pour faciliter le ralliement des troupes de

Miranda et les mettre à couvert ? Pourrait-elle
décrire la journée de Nervinde, cette journée
d'acharnement et de carnage, où, à la tête de
la cavalerie française, Valence fit tant de pro-
diges de valeur, où il montra tant de sang-
froid et tant d'intrépidité, un coup d'œil si
prompt, un courage plus prompt encore, et
où n'ayant plus autour de lui que des aides-de-
camp renversés et mutilés, il fut aussi atteint,
couvert de coups de sabre, et reçut ces blessures
graves dont nous contemplions avec respect sur
son front sillonné les honorables cicatrices ?

« Je ne chercherai pas à agrandir cette notice
rapide des travaux militaires du comte de Valence, en le suivant dans les campagnes qu'il fit
encore lorsqu'il fut rentré en France ; car, suivant les principes du gouvernement machiavé-
lique de ce temps-là, après avoir eu tous les
honneurs de la guerre, il eut aussi les honneurs
de la proscription. Ces détails seraient super-
flus ; sa gloire n'a pas besoin d'être prouvée
devant le siècle contemporain, et, pour les
siècles à venir, j'en confie le soin à la tradition
et à l'histoire.

« Maintenant, au contraire, c'est loin du tu-
multe des camps et du fracas de la guerre que
je voudrais qu'il me fût permis de le considérer
et de vous le montrer siégeant dans cette chambre auguste, placée entre la nation et le trône
pour le maintien de leurs droits respectifs et de

cet équilibre sans lequel il ne saurait exister
ni patrie, ni monarchie, ni liberté.

« Vous l'y verriez s'occupant avec une solli-
citude active autant qu'éclairée des plus hauts
intérêts de l'État et de la société ; du perfection-
nement de la législation ; de la recherche des
moyens les plus propres à concilier les devoirs
et les droits, la liberté et l'ordre ; des vues ten-
dantes à un plus grand bien, à l'accroissement
de la prospérité publique ; et toujours inspiré
dans ses pensées et dans ses opinions, dans ses
méditations et dans ses discours, par l'amour
de la justice, l'amour de la patrie, l'amour de
l'humanité.

« Mais est-ce devant vous, vous, ses nobles
collègues, que j'oserai me livrer à ces développemens ? et, lorsqu'en venant mêler vos regrets
à nos regrets, vous donnez une preuve si touchante de l'affection, de l'estime dont vous en-
vironniez votre illustre ami, et de l'honneur
que vous rendez à sa mémoire : votre présence
dans ce temple, votre participation aux tristes
devoirs dont il est l'objet, n'est-elle pas pour lui
le plus beau panégyrique !

« Cependant, la vie patricienne du comte de
Valence a été couronnée par une circonstance
trop remarquable et trop belle pour que je
puisse consentir à la passer sous silence. Je
veux parler du rapport qu'il fit à la Chambre
des Pairs, dans sa séance du 14 décembre,

la dernière où il ait assisté, sur la pétition de la famille Lesurque.

« Un homme fut condamné ; il subit la peine capitale. Bientôt après se manifestèrent des indices démonstratifs de son innocence. A l'apparition du vrai coupable, le prestige d'une fatale ressemblance, sur laquelle s'étaient fondés tous les témoignages, s'évanouit ; et l'erreur de la condamnation ne parut plus douteuse.

« Dans cette position, sa famille désolée sollicite la révision de l'arrêt ; elle implore l'appui protecteur des Chambres. Le comte de Valence est nommé rapporteur.

« Quel sujet à traiter pour un ami de l'humanité !

« Quel vaste champ ouvert aux méditations du législateur !

« Pour éviter l'écueil de l'exagération, je ne dirai pas si, par le rapport qu'il présenta à la Chambre, par les vues qu'il y développa, par la proposition de loi qu'il fit pour généraliser pour tous et dans l'avenir la mesure que sollicitait la circonstance actuelle ; je ne dirai pas si le comte de Valence s'est placé à côté des Voltaire (1) et des Dupaty (2) ; je ne ferai qu'ex-

(1) Affaire de Calas.

(2) Affaire des trois hommes condamnés à la roue.

traire ce qu'ont répété avant moi les échos de l'opinion publique, qui, du moins cette fois, ont offert un accord qui garantit la vérité de leur témoignage.

« Le rapport du comte de Valence est un
« morceau aussi distingué par la noblesse et la
« générosité des pensées que par l'étendue des
« vues législatives (1). »

« Il s'y élève aux plus hautes considérations
« de morale, de politique et de justice.

« C'est l'homme sensible qui gémit sur une
« funeste erreur.

« C'est l'homme d'Etat qui travaille à en
« prévenir le retour (2). »

« Ah! puisse ce dernier vœu de son âme être accueilli et accompli! L'humanité consolée, la société rassurée, le placeront au nombre de leurs bienfaiteurs.

« Je conçois à présent comment, aux approches de sa mort, sur laquelle sa bonté cherchait à abuser ses proches et ses amis, mais sur laquelle il ne s'abusait pas lui-même, Valence a conservé sans altération ce calme de l'âme, cette sérénité qu'encore la veille du jour où il a cessé d'être, je remarquai sur son front, et qui me donna une trop fragile espérance.

(1) Drapeau blanc.

(2) Constitutionnel.

« Non, ce n'est pas parce que cent fois il l'avait affrontée dans les combats. Là, on n'écoute que le devoir, on ne voit que la gloire, et le danger disparaît.

« Mais sur un lit de douleur, sans exaltation, sans espérance, attendre la mort, la voir devant soi sans sourciller devant elle, il n'y a que le sentiment d'une belle vie dont le dernier jour a été marqué par l'action la plus noble et la plus vertueuse, qui puisse produire une si courageuse résignation ; et je ne doute pas que l'intérêt si généreux avec lequel Valence avait cherché à adoucir les longues infortunes de la famille Lesurque, n'ait aussi contribué à adoucir ses derniers momens. C'était là sa première récompense.

« Après ces grands traits qui peignent et qui caractérisent l'illustre ami que nous avons perdu, ce serait peut-être descendre de trop haut que de vous le montrer dans les relations ordinaires de la vie sociale. Tous ceux qui l'ont connu savent assez à quel point il joignait aux qualités les plus essentielles les formes les plus aimables; combien son caractère était noble et liant, ses manières dignes et affables, son commerce sûr et facile, et de quel tact exquis il était doué.

« Mais c'est surtout dans les douces habitudes et dans l'intimité de l'amitié qu'on le connaissait et qu'on le jugeait mieux encore. Là, plus d'emprunt ni de voile, plus d'illusion ni de prestige ; là , il était lui , et il n'était que lui : bienveillant sans effort, bienfaisant sans faste , simple sans affectation, indulgent sans faiblesse, confiant sans réserve : tel je le voyais tous les jours , tel je l'ai vu jusqu'à sa dernière heure. A côté d'un souvenir si cher, faut-il que je dise : JE NE LE VERRAI PLUS !

« Il est trop vrai , nous ne le verrons plus, ce chef révéré de notre Ordre , ce modèle des vrais Maçons , cet apôtre zélé de la concorde et de la tolérance ; nous ne le verrons plus , ce maître actif et habile , dont la sagesse et les soins ont relevé le rit écossais et y ont ramené cette union qui en est aujourd'hui la plus solide base ; nous ne le verrons plus!.. Je me trompe : efforçons-nous de marcher sur ses traces ; à une colonne renversée substituons l'appui d'un zèle plus animé; resserrons les anneaux de la chaîne de notre union , de cette union si précieuse et si nécessaire ; appliquons-nous à multiplier , à étendre les bienfaits de la Maçonnerie , en réalisant les institutions philanthropiques que le comte de Valence projetait et dont il nous a légué la pensée : ainsi la mort ne nous l'aura pas ravi tout entier... nous le verrons encore ; et , par nos souvenirs , nous le verrons toujours ».

A ce discours, entendu avec le même intérêt que celui du T∴ P∴ S∴ Grand Commandeur, et dont l'expression retentit dans tous les cœurs

qu'un même sentiment anime, succède la cantate suivante, exécutée par les FF.˙. de l'Harmonie :

CHOEUR.

L'AIRAIN funèbre a glacé tous les cœurs ;
Ils ont cessé, les chants de l'espérance :
Le bruit des soupirs et des pleurs,
Seul, de la mort interrompt le silence.

Il n'est plus ! ces voûtes en deuil
Nous ont révélé son absence ;
Son souvenir, un froid cercueil,
Rempliront seuls ce vide immense.
La mort, qui dans mille combats
N'avait pas osé le surprendre,
La mort l'arrache de nos bras :
Notre amour n'a pu le défendre.

CHOEUR.

L'airain funèbre, etc.

Nos autels, par lui relevés,
Vers le Ciel portaient nos prières ;
Nos temples à peine achevés
Déjà se remplissaient de Frères :
Il a peu duré, le bonheur !
Il a fui loin de nos portiques ;
L'hymne sombre de la douleur
A remplacé les saints cantiques.

CHOEUR.

L'airain funèbre, etc.

Hélas ! pour la dernière fois
Il a partagé nos mystères ;
Nous ne l'entendrons plus, sa voix,
Nous appeler du nom de Frères.
Notre temple long-temps désert
Annonçait nos justes alarmes ;
Un tombeau de lauriers couvert
Aujourd'hui fait couler nos larmes.

CHOEUR.

L'airain funèbre, etc.

Gémissons ; il a succombé,
L'appui de la Maçonnerie ;
Frères, pleurons ! il est tombé,
Le guerrier cher à la patrie.
Cher encore à l'humanité,
Quand sa valeur cherchait la gloire,
L'aurore de la liberté
A vu sa première victoire.

CHOEUR.

L'airain funèbre a glacé tous les cœurs ;
Ils ont cessé, les chants de l'espérance :
Le bruit des soupirs et des pleurs,
Seul, de la mort interrompt le silence.

Les paroles de cette cantate sont du F∴ Naudet, capitaine au corps royal d'état-major ; et le F∴ Romagnési, compositeur distingué, dont le zèle s'était chargé de diriger les FF∴ de l'Harmonie, avait uni son talent à celui du F∴ Naudet pour ajouter à l'éclat imposant de cette cérémonie funèbre.

Le T∴ P∴ S∴ Grand Commandeur a alors annoncé qu'après ce premier hommage que les Ill∴ Membres du S∴ Conseil, réunis en L∴ de la Grande Commanderie, ont désiré rendre par eux-mêmes à la mémoire du comte de Valence, leur si digne chef, cette Ill∴ L∴ va continuer les Trav∴ sous le maillet de son G∴ Vén∴ Titul∴, et par ses propres Dignit∴ et Officiers. En conséquence, ayant appelé le T∴ Ill∴ F,∴ duc de Choiseul, Vén∴ qui a remis le maillet de 1er. Surv∴ à l'Ill∴ F∴ S∴ G∴ I∴ G∴, baron Thiébault, et celui-ci, le maillet de 2e. Surv∴ à l'Ill∴ F∴, baron de Cussy, le G∴ Vén∴ est venu siéger à l'O∴ sur un trône placé, à cet effet, une marche au-dessous de celui du Grand Commandeur, et un peu sur la droite, de manière à ne pas le dérober aux regards toujours empressés des membres et assistans, et, ayant reçu de lui le maillet, le premier acte de son exercice a été de déposer entre les mains du R∴ F∴ Archiviste les décrets du Sup∴ Conseil dont le T∴ Ill∴ Secrét∴ du St.-Empire a précédemment donné lecture. Annonçant ensuite qu'une indisposition momentanée a empêché le T∴ Hon∴ F∴ Orateur de mêler ses regrets à ceux des membres de la L∴, il accorde la parole au T∴ Ill∴ F∴, baron Thiébault, qui l'a demandée ; et celui-ci, s'étant avancé vers l'extrémité

orientale du cénotaphe , exprime en ces mots
la douleur dont il est pénétré :

« TRÈS - PUISSANT SOUVERAIN GRAND
COMMANDEUR, ET VOUS , MES FF∴!

« Un nom historique vient de finir !... Un citoyen doué des plus hautes vertus publiques est
descendu dans la tombe !... Un ami est arraché à
des amis inconsolables !... Un des plus fermes
soutiens de ce temple a cédé aux efforts du
temps !... Un souvenir illustre vient se joindre
aux souvenirs que nous ont laissés tant de
guerriers illustres , dont la France attristée dé-
plore déjà la perte.

« Tel est , en effet, le motif de cette cruelle
solennité ; et comment penser au preux ,
au citoyen, à l'ami, au maître, au guerrier,
et ne pas se sentir accablé d'affliction et de
regrets !

« Mais, mes FF∴, si tous ceux que la douleur rassemble autour de ce cénotaphe ; si tous
ceux qui ont eu la possibilité de connaître les
détails de la glorieuse vie du comte de Valence , et qui ont apprécié ses éminentes qualités , la bonté de son cœur , l'élévation et la
force de son caractère , la sagesse et la profon-
deur de ses vues , de ses pensées , de ses con-
seils, la sagacité de ses jugemens , la finesse de
son tact, le charme et la dignité de ses maniè-

res , la grâce, enfin , et la délicatesse de son esprit , payent à sa mémoire le tribut de larmes
que nous lui offrons tous ; combien ma déso-
lation ne doit-elle pas être grande , moi son aide
de camp il y a trente ans , moi qui , du premier jour où je l'ai vu , lui ai voué une si tendre vénération , et qui , depuis la fin de 1792 ,
ai reçu de lui des marques si honorables et si
constantes de bonté et d'attachement !

« Frappé par des malheurs auxquels je ne croyais
pas survivre, j'ai été rejeté par la mort de notre
très-cher et très-puissant Souverain Grand Commandeur , dans le cercle des plus cruelles tor-
tures. C'est avec peine que , dans ce jour de
deuil , je trouve la force d'élever un instant la
voix : et cependant , en proie à tant d'impres-
sions déchirantes , j'ai besoin de mêler mes gé-
missemens à ceux dont retentit cette enceinte ,
à ceux que nous arrache si justement l'absence
du chef qui a rendu la vie à notre rit , et qui
nous animait de son zèle , en même temps qu'il
nous éclairait de ses lumières.

« Entraîné par les sentimens qu'il méritait à
tant de titres , et qu'il était si juste et si doux
d'avoir pour lui , cédant à ce que commande
une admiration si légitime , que ne puis-je es-
sayer de le replacer encore un moment au milieu de vous, et de peindre une existence digne
d'une si belle mort , ou sa mort digne d'une si
belle existence ! Mais , comment s'élever à la

hauteur d'un tel sujet , quand on est affaissé sous le poids de la douleur , que dire après les orateurs que vous venez d'entendre, et de quelle manière choisir, au milieu de tant de faits mémorables et qui tous prouvent la plus sincère réciprocité d'affection , l'empire que l'honneur, l'humanité , la justice exercèrent toujours sur lui , l'ardeur la plus soutenue pour nos travaux , l'amour le plus éclairé de la patrie , une grandeur d'âme aussi rare qu'exemplaire , une vaillance chevaleresque , et cette force de conception qui , dès le début du comte de Valence , montra en lui un général en chef consommé.

« Je suis hors d'état d'ébaucher le tableau d'une vie si honorablement remplie !... Et pourtant, quand j'aurai dit à l'ami du comte de Valence (1) : *Celui qui, dès sa plus tendre enfance et durant toute sa carrière, paya votre touchant attachement de toute l'effusion du sien.... n'est plus !...* Quand j'aurai dit à ses anciens compagnons d'armes.... *Celui dont la haute capacité ne le céda pas même à son courage, et qui tant de fois vous étonna par ses grandes pensées comme par son exemple... a cessé d'exister !...* Quand j'aurai dit à l'admirateur des faits héroïques.... *Celui qui eût suffi pour ennoblir sa noble race , et qui réunit en lui la gloire des temps passés et celle des temps récens.... a*

______

(1) M. le comte de Lacépède , pair de France , etc.

terminé sa carrière.... Quand je vous aurai dit, mes frères.... *Celui qui était votre régulateur, votre guide, votre modèle... vous est arraché!...* Enfin, quand, m'adressant à la France, j'aurai ajouté... *Celui qui coopéra à tes triomphes; qui, jaloux de ton honneur, enthousiaste de ta gloire et de ta splendeur, fut le défenseur de ton territoire et de tes droits, et ne pouvait manquer d'être jusqu'à la mort un de tes plus fermes et de tes plus nobles appuis.... est à jamais perdu pour toi!...* J'aurai assez ému votre sensibilité, exalté votre douleur, ajouté à vos regrets; et, de quelques termes que j'aie pu me servir, avec quelque désordre que j'aie pu parler, mon cœur sera soulagé; et, sans doute, vous m'aurez trouvé assez éloquent! »

L'émotion de l'orateur avait affaibli sa voix; les souvenirs de l'amitié qui l'unissait à l'Ill∴ comte de Valence, et des leçons qu'il en avait reçues dans les champs de la Belgique, pendant les temps héroïques de la révolution française, paraissaient se représenter à son esprit et à son cœur; cette impression douloureuse s'était communiquée à son auditoire; de nouveaux accords funèbres, partis de l'Occident, viennent la prolonger encore.

Le T∴ Ill∴ Vén∴ frappe un coup de maillet que les Surv∴ répètent, et il dit :

T∴P∴S∴G∴Commandeur et Ill∴FF∴,
il nous reste un devoir à remplir : nous ne saurions environner de trop de témoignages un
nom et une mémoire qui nous seront à jamais
chers. Eh! que seront encore ces témoignages à
côté des sentimens que nous éprouvons! Je vous
prie de vous joindre à moi, T∴P∴S∴Grand
Commandeur, pour venir avec les Ill∴ membres du S∴Cons∴ et les Dignit∴ de cette L∴
déposer autour de ce monument l'hommage de
notre profonde douleur, et dire à celui que nous
regretterons toute la vie un triste et éternel
adieu.

A ces paroles, le cortége des membres du
S∴Conseil et des Dignit∴ de l'Ill∴ L∴ se
forme. A la tête marchent le T∴ P∴ S∴
G∴ Commandeur et le G∴ Vén∴, précédés
de l'étendard de l'Ordre et des grands Maîtres et
Adjoints des cérémonies, dont l'un porte, sur
un coussin, une couronne tressée de rameaux de
laurier, de chêne, d'acacia et de cyprès. Tous
se rangent autour du monument; tous le saluent
avec recueillement et respect. Le G∴ Vén∴ reçoit la couronne des mains du M∴ des cérémonies qui l'a portée, il la remet au T∴ P∴ S∴
Grand Commandeur qui la place sur le cénotaphe, d'où elle s'enlève et reste suspendue au-
dessus. L'encens est en même temps ranimé, et
le T∴ Ill∴ Vén∴ duc de Choiseul, prenant

ensuite la parole, fait précéder le triple adieu qu'il doit prononcer, du discours suivant :

« Dans ce jour de souvenirs, de tristesse et de deuil, dans cette enceinte où tout retrace la perte douloureuse que l'Ordre vient de faire dans la personne de son chef suprême, le T.˙. P.˙. S.˙. Grand Commandeur, Comte de Valence, lorsque toutes les pensées se confondent dans un seul et pénible sentiment, la Loge de la Grande Commanderie vient se joindre à ces unanimes regrets, avec la double expression de l'attachement et de la reconnaissance.

« Cette Illustre Loge a perdu son fondateur ! elle a perdu celui dont elle a pu sans cesse apprécier les vertus, les talens, le noble caractère ; c'est à cet illustre chef, dont nous déplorons la perte, et dont nous entourons la pompe funèbre, qu'elle doit son existence. C'est lui qui a créé ce centre mystérieux où sont venus, à l'envi, se réunir les plus Illustres Chefs du rit écossais anc.˙. et acc.˙. ; c'est lui qui, par sa sagesse, sa conciliation et sa fermeté, a posé les bases inébranlables de l'union des Loges et de la parfaite régularité du rit ; c'est enfin lui à qui l'ordre est redevable de cette splendeur maçonnique, objet de ses pensées et de ses soins les plus assidus.

« En effet, Très-Illustres F.˙., quels sentimens

de reconnaissance ne devons-nous pas au comte de Valence? Occupé de cette grande idée de réunir, au même centre de doctrine, ce rit auguste qui se trouvait dans des directions diverses, suite inévitable des événemens politiques, il institua cette Loge, qui, véritable *diète maçon iique*, sous la direction spéciale du Sup.·. Conseil, composée des Dignitaires des plus hauts grades, et recevant dans son sein les Chefs des Loges, perpétue la tradition sacrée, conserve les lois antiques, écarte les innovations, entretient la pureté de la morale, et, puissance visible dirigée par celle du P.·. S.·. G.·. C.·. et du Sup.·. Cons.·., devient un Orient lumineux où tout se combine, où les lois se publient, et dans lequel se trouve la certitude de leur exacte observance.

« Qui, mieux que le comte de Valence, pouvait exécuter ce noble et hardi dessein? Qui, mieux que lui, pouvait réunir sous le même niveau, et sous la même égide, ces nombreux Grands Dignitaires, et ces chefs de tribus maçonniques éparses sur la surface du globe? L'Illustre F.·. comte de Valence, lieutenant d'un Grand Maître que l'ordre regrettera toujours; lieutenant d'un prince (1) qui, de son vivant, laisse à l'impartiale histoire le soin de le placer à ces distances honorables réservées aux grands

(1) Le duc de Cambacérès.

services et aux grands talens, Valence, dis-je, réunissait à ses droits légaux les connaissances et les doctrines puisées à leur source même ; il y joignait encore une autre gloire, acquise à la tête des troupes françaises, celle de s'être montré digne de telles armées ; il y joignait enfin les palmes civiques acquises comme sénateur, et qui ombragent sa tombe, comme pair du royaume.

« J'ai laissé à des voix plus éloquentes le soin de retracer les talens et les actions glorieuses qui ont illustré la carrière du comte de Valence. A toutes les époques, à tous les momens de sa vie, vous avez vu en lui l'ami de son pays, le défenseur de ses droits, celui des opprimés, le vrai Français, le Français dévoué à la patrie, le guerrier honoré, le magistrat fidèle ; mais forcé par la présence de ses dépouilles mortelles, forcé de m'arracher aux glorieux souvenirs de sa vie pour le suivre dans les bras de la mort, conduit à ce moment solennel où tout s'anéantit, où l'homme le plus courageux, vaincu par la faiblesse, opprimé par la douleur, ne présente qu'une plaintive image, et qu'une désorganisation anticipée, c'est à ce moment même, mes Ill∴ FF∴, que le comte de Valence jette un dernier éclat plus noble et plus brillant encore que ceux qui l'ont précédé. Ce moment, ce dernier moment, il l'a voué à l'exercice de cette vertu maçonnique, la plus éminente de toutes, celle de secourir l'innocence et l'infortune. En fermant les yeux à la lumière, il nous a laissé le plus grand exemple.

« Je ne puis donc mieux terminer ce faible éloge que par un recit fidèle d'une si belle et si touchante circonstance. Occupé aux dernières heures de sa vie des moyens de rendre l'honneur et une innocente mémoire à des victimes d'une erreur judiciaire, et voulant étendre cette tardive réparation à celles que de mêmes erreurs pourraient encore atteindre, le comte de Valence, de son lit de mort, provoquait dans la chambre des Pairs la demande d'une loi réparatrice, et lui soumettait le développement de ce noble projet par l'organe d'un Illustre collègue (1), d'un digne ami dont vous remarquez ici la douleur. La pensée de faire le bien, le désir d'y parvenir, l'occupaient seuls. Étranger à lui-même en ces instans, tourmenté du seul désir d'être encore utile à ses semblables, il semblait que ces nobles sentimens étaient respectés par la mort même, et qu'elle retarda, pour ainsi dire, le dernier battement de son cœur pour attendre le retour d'une fille chérie, envoyée par lui, afin d'avoir la certitude que ses patriotiques vœux étaient exaucés. Il expira, à son retour, avec cette pensée si consolante, d'avoir, jusqu'à son dernier moment, servi l'humanité.

(1) Le comte de Lacépède.

« Recevez donc, ombre chère et illustre, ce tribut de regrets et d'hommages que la Loge de la Grande Commanderie vient déposer sur votre cercueil. Nous le couvrons de vœux, de larmes et de fleurs. Cette couronne qui vient d'être placée sur votre tombe par votre noble successeur (1), nous rappelle encore un de vos bienfaits. C'est à vous que nous devons ce chef suprême qui vous remplace. Indiqué par vous, désigné par votre choix, vous avez voulu réunir à tout ce qui plaît et attache, les talens et les éminentes qualités qui obtiennent un unanime hommage; et, par une prévision touchante, vous avez placé la consolation à côté de la douleur.

« Recevez donc tous les vœux que nous formons pour votre doux repos. Recevez ce dernier tribut de cette grande et maçonnique famille qui rivalise de regrets avec la vôtre, recevez le triple et dernier adieu de vos amis, de vos frères, de tous ceux qui vous ont apprécié et connu ».

Adieu! adieu! adieu!!!

Les FF.·. ne se rappellent point sans une vive douleur que ce triple adieu avait été adressé naguère par celui qui le reçoit aujourd'hui du fond de la tombe, aux mânes des

____

(1) Le comte de Ségur.

maréchaux Kellermann , Lefèvre , Pérignon , Beurnonville et Masséna. Au milieu de ces tristes et douloureuses émotions , et aux sons d'une douce et mélancolique harmonie , le Souv.·. G.·. Commandeur , le Tr.·. Ill.·. Vén.·. , les membres du Sup.·. Conseil , et les Dignit.·. de l'Ill.·. L.·. de la Grande Commanderie , font trois fois le tour du cénotaphe ; et, dans le recueillement le plus pieux , dans le silence le plus auguste , ils jettent des fleurs sur les insignes qui le décorent.

Cette cérémonie achevée , l'Hon.·. cortège retourne dans le même ordre , et aux sons continués de l'harmonie , le T.·. P.·. S.·. G.·. Commandeur remonte à son trône , le T.·. Ill.·. G.·. Vén.·. au sien ; tous reprennent leurs places.

Et , sur l'ordre du T.·. Ill.·. Vén.·. , le tronc des pauvres circule dans toutes les parties du temple.

Le T.·. Ill.·. Souv.·. G.·. Commandeur annonçant qu'il va se retirer , tous les FF.·. , debout et à l'ordre , forment la voûte d'acier sur son passage ; il est entouré , comme à son entrée , des membres du Sup.·. Conseil , et reconduit par une députation et les GG.·. Maîtres et Maîtres Adj.·. des cérémonies jusqu'à la porte du temple.

La Pl.·. tracée des Travaux de ce jour tristement mémorable est lue par le F∴ Viennet, second grand secrétaire de la L∴ : elle est approuvée. Les Travaux sont fermés par le T∴ Ill∴ Vén∴, et les FF∴ et Visiteurs se retirent d'un pas silencieux, en conservant l'empreinte des émotions pénibles qu'ils venaient d'éprouver.

Signé :

Le T∴ P∴ S∴ Grand Commandeur, le comte DE SÉGUR.

Le T∴ Ill∴ Lieutenant Grand Commandeur, Grand Vén∴ de l'Ill∴ L∴ de la G∴ Commanderie, le duc DE CHOISEUL.

Le S∴ G∴ I∴ G∴ Vén∴ d'honneur de l'Ill∴ L∴, le comte DE LACÉPÈDE.

Le S∴ G∴ I∴ G∴ secrétaire du Saint-Empire, comte MURAIRE.

Le S∴ G∴ I∴ G∴ secrétaire du Saint-Empire et de l'Ill∴ L∴, général comte de FERNIG.

Le S∴ G∴ I∴ G∴ 1er. Surv∴ de l'Ill∴ L∴, lieutenant-général baron THIÉBAULT.

Le S∴ G∴ I∴ G∴, comte VER-HUEL.

Le S∴ G∴ I∴ G∴, lieutenant-général comte MONTHION.

Le S∴ G∴ I∴ G∴, lieutenant-général comte BELLIARD.

Le S∴ G∴ I∴ G∴, G∴ M∴ des Cér∴ de la loge, comte de FOUCHÉCOUR.

Le S∴ G∴ I∴ G∴, G∴ M∴ des Cér∴ baron de BACCARAT.

Le S∴ G∴ I∴ G∴, G∴ Exp∴ de l'Ill∴ L∴, le baron de TINAN.

Le S∴ G∴ I∴ G∴, G∴ Exp∴ de l'Ill∴ L∴, le chevalier CHAMEAU.

Le S∴ G∴ I∴ G∴, WUILLIAUME.

Le S∴ G∴ I∴ G∴, GAILLARD.

Le S∴ G∴ I∴ G∴, général baron DURIEU.

Le S∴ G∴ I∴ G∴, lieutenant - général comte LUCOTTE.

Le lieutenant-général comte de PULLY, 33e.

Le S∴ G∴ I∴ G∴ secrétaire du Saint-Empire pour les Espagnes, et Membre honoraire du Sup∴ Cons∴ pour la France, ANDUJAR.

Le lieutenant-général baron FRÉSIA.

Le 2e. G∴ Surv∴ de l'Ill∴ L∴, baron de CUSSY, 32e.

Le 2e. G∴ Secrét∴ de l'Ill∴ L∴, VIENNET.

Lieutenant - général comte LA HOUSSAYE. — AZAM. — NAUDET. — BAUDET, 32e. — Marquis DE GIAMBONE. — B. ALLÉGRY, 33e. — ROMAGNÉSI. — HORACE VERNET. — FÉLIX. — Général JORRY. — CHAMANT. — SAINDIZIER. — F. T. BEGUE-CLAVEL. — HUBERT, 33e. — DE MARESCOT. — BAUDRÉ. — BERLIÉ. — PARGON. — AMADIEU, 33e. — BELMONTET. — HÉNIAU. — Le baron LEPELLETIER D'AUNAY. — DURIEU, 33e., etc., etc., etc.

Collationné sur la minute du Livre S∴ et sur les originaux des feuilles de présence, et certifié conforme par nous, Secrétaires du Saint-Empire et de l'Ill∴ L∴ Écoss∴ de la G∴ Commanderie,

Comte MURAIRE. — Général comte DE FERNIG. — VIENNET.

* 9 7 8 2 0 1 1 9 0 8 9 5 7 *